eye.

守望者

——

到灯塔去

〔法〕玛格丽特·杜拉斯 〔法〕米歇尔·波尔特 著 黄荭 译

Marguerite Duras
Michelle Porte

Les Lieux

de

Marguerite Duras

在欲望之所写作

玛格丽特·杜拉斯访谈录

南京大学出版社

只有女人才会在一个地方住下来，而男人不会。——杜拉斯

eye 守望者 | 到灯塔去

Cet ouvrage a bénéficié du soutien des Programmes d'aide à la publication de l'Institut français.

本书获得法国对外文教局版税资助计划的支持。

本书是米歇尔·波尔特根据《玛格丽特·杜拉斯之所》两期电视节目的采访编写而成的，这两期节目由法国国家视听研究院出品，并于1976年5月在法国电视一台（TF1）播出。

1

玛格丽特·杜拉斯：

聊这栋房子、聊花园，我可以聊上几个小时。
我知道一切，知道以前的门在哪里，一切，池塘边
的围墙，所有花草，所有花草在哪里，甚至那些野
草我都知道它们在哪里，一切。

Je fais des films pour occuper
mon temps. Si j'avais la force
de ne rien faire je ne ferais rien.
C'est parce que je n'ai pas la force
de ne m'occuper à rien que je fais
des films. Pour aucune autre raison.
C'est là le plus vrai de tout ce
que je peux dire sur mon entreprise.

Duras

米歇尔·波尔特：

玛格丽特·杜拉斯，您写过："我拍电影是为了打发时间。如果我内心强大到可以什么事都不做，我会什么事都不做。正是因为我没有强大到让自己无所事事，我才去拍电影。没有任何其他理由。关于我所做的事，这是我能说的最实实在在的话了。"

杜拉斯：

的确。

波尔特：

您是不是也会用同样的方式说：正是因为我没有强大到让自己无所事事，我才写书？

杜拉斯：

当我写书的时候，我不会有这种想法，不会。通常都是我停止写书的时候，我才会有这种想法。我想说的是，当我停止每天写作时，我才去拍电影。只有当我停止写作，我才停止，是的，我才停止某种……呃……说到底，发生在我身上最重要的事情，也就是写作。但我最初写作的理由，我已经不知道是什么了。或许和下面的理由一样。让我惊讶的，是并非所有人都写作。我对那些不写作的人暗自钦佩，当然，对那些不拍电影的人也一样。

波尔特：

您的很多电影都发生在一栋和外界隔绝的房子里面。

杜拉斯：

在这里，是的，在这栋房子里。每次我在这里，每次我都有拍摄的欲望。会有一些地方给你想拍电影的欲望。我从来没想到一个地方会有这种强大的力量。我书中所有女人都住在这栋房子里，所有。只有女人才会在一个地方住下来，而男人不会。这栋房子就曾住过劳儿·瓦·斯泰因、安娜-玛丽·斯特雷特、伊莎贝尔·格朗热、娜塔丽·格朗热，同样也有各种各样的女人；有时候，当我走进这栋房子，我感觉……有很多女人都在这里，就是这样。我也曾住在这里，完完全全。我想这是世界上我住得最多的地方。当我说到其他女人，我想这些女人身上也有我的影子；仿佛她们和我是彼此相通的。她们在屋子里待的时间，就是话语到来前的时间，男人到来前的时间。男人，如果他无法给事物命名，他就会感到苦恼，感到不幸，感到无所适从。男人不说话会难受，而女人不会。我在这里见到的所有女人一开始都沉默不语；之后，我不知道她们会怎样，但开始她们都一言不发，久久沉默。她们仿佛嵌在房间里，融入墙壁、房间的所有物品里。当我在这个房间里，我有一种感觉，不要改变房间固有的秩序，仿佛房间自身，或者说住所并没有觉察到我在那里，一个女人在那里：她在那里已经有她的位置。或许我谈论的是这些地方的静默。

米什莱[1]说女巫们就是这么来的。在中世纪，男人们要么去为领主打仗，要么参加十字军东征，住在乡间的女人则留在家里，孤独，隔绝，长年累月住在森林里，在她们的棚屋里，就这样，因为孤寂，对今天的我们而言无法想象的孤寂，她们开始和树木、植物、野兽说话，也就是说开始进入，怎么说呢？开始和大自然一起创造一种智慧，重新塑

---

[1] 米什莱（Jules Michelet，1798—1874）：法国著名历史学家，他以文学语言来撰写历史著作，又以历史学家的渊博来写散文，被誉为"法国史学之父"。——译者注

造这种智慧。如果您愿意的话，一种应该上溯到史
前的智慧，重新和它建立联系。人们把她们叫作女
巫，烧死她们。据说有过一百万名女巫。从中世纪
到文艺复兴初期。烧死女人的陋习一直延续到十七
世纪。

　　波尔特：

　　人们在您的电影中、您的书中看到的那些女
人，我想到《娜塔丽·格朗热》中的女人，也就是

伊莎贝尔·格朗热，想到伊丽莎白·阿利奥纳，想到《大西洋海滩》[1] 里的维拉·巴克斯泰尔，从某种意义上说，她们还不是米什莱所谓的女巫？

杜拉斯：

我们还处在那种境地，我们这些女人……我们还处在那种境地……是的。我们处在那种境地。并没有真正改变。我，我在这栋房子里，和这个花园一起，而相比之下，男人们永远都没有一个住处、一个居所。

---

1 电影《巴克斯泰尔，维拉·巴克斯泰尔》最初的片名。

波尔特：

几乎在您所有的电影里，都能见到这类封闭的房子、花园和森林。

杜拉斯：

是的。森林和花园相连。花园是森林的开端。花园预告了它的到来。在《毁灭》[1] 中有一个花园。在《印度之歌》中，在《娜塔丽·格朗热》中有一

---

1 指的是杜拉斯的《毁灭，她说》。——译者注

个花园。在《黄色的太阳》中，有一个黑黢黢的花园，花园里有犹太人的狗。森林，是禁地。也就是说，我不太清楚《黄色的太阳》中的森林是怎样的，我叫它流浪者的森林，犹太人的森林，我不知道这个森林和《毁灭》中让人感到害怕的森林有什么联系。资产阶级中有某一个阶层害怕森林，男人们害怕，他们杀戮。而我们这些女人，要知道，我们潜入森林，在森林里游走。男人去森林是为了打猎；为了惩罚，为了监督。

波尔特：

关于电影《娜塔丽·格朗热》，您曾说过：在《娜塔丽·格朗热》中，我首先看到的不是电影，而是房子。

杜拉斯：

是的。或许因为一直在房子里，它给我的感觉就像一个容器。好吧。我这里要表达的是一个意象，而不是一种想法。人们可以把房子看成一个庇护所，来这里寻找一份安全感。我呢，我认为除了这个，它也是一个封闭的空间。是的，除了常说的安全、稳定、家庭、温馨等之外，还会发生别的事情；房子也铭刻着家庭的可怕，逃离的欲望，种种想自杀的情绪。一切都在其中。奇怪的是，通常，您知道，人们都会回家等死。他们更喜欢在家中死去。人们一感到消沉抑郁就要回家。家真是个神秘的地方，但……我不知道现在城里的人们还知不知道这意味着什么。我呢，我对家的认识就是和房子联系在一起的。我以前还是有过一幢房子的，在多尔多涅省，那时我六岁，但房子被我母亲卖了……要跟您说明的是，我是公务员的女儿，在我整个童年时期，我们不停地换住处。我父母每换一次工作，我们就得搬一次家。后来我在巴黎租公寓住。在这里，我第一次拥有一栋属于自己的房子。而且……这有点儿像我就是在这里出生似的，就在这里，我把它打造成我的房子，以至于我感觉在……在我到来之前，在我出生之前它就属于我了。

　　这里曾经是谷仓。我之前认真找了，但没能在这栋房子里找到任何书写的痕迹或者曾有人居住过的痕迹。这让我印象极为深刻。没有照片，没有记录，没有书籍，没有信件，什么都没有。池塘边的矮墙上有一个日期。我想应该是1875。但在地下，我们发现了一些东西。我们找到了钥匙和刀具，小折刀什么的，对了，还有些餐具碎片。远离房子，埋在地下，很深。总之，两个世纪以来的所有生活垃圾，都在土里。玩具的碎片、弹珠的碎片，也有完整的弹珠。只不过，在房子里，什么痕迹都没有。

波尔特：

当您提到伊莎贝尔·格朗热的时候，您说：她如囚徒般游荡。

杜拉斯：

是的，在我看来，伊莎贝尔·格朗热是她居所的囚徒，是她自己的囚徒，是她生活的囚徒，您也可以说，她是这种可怕的循环的囚徒：从爱孩子到承担夫妻间责任。就像我们所说的那样，您明白，她生活的全部内容都被困在这里。她在房子里漫无目的地游荡时，就好像从自己身边经过，就好像她在绕着自己的身体转圈。在我看来，伊莎贝拉·格朗热完完全全住在这座房子里，仿佛她和房屋的轮廓是贴合的，仿佛这座房子本身就是女人的形状，换言之，我感觉这个女人和她的居所是那么契合……说到底，这并非偶然，可能在这之前我就有过类似的感受。而且，如果说我总想要将女人，而且只将女人放在这栋房子里，这也不是出于偶然。这个地方，对我而言，就是女人的地方。

波尔特：

您认为只有女人才能如此"完全地"居住在一个地方吗？

杜拉斯：

是的。只有女人才会在这里感到自在，完全融入其中，是的，不会在这里感到无聊。我想我穿过这座房子时不可能不去凝视它。我相信这样的凝视是一种女性凝视。男人晚上回到房子里，在这儿吃饭，在这儿睡觉，在这儿取暖，诸如此类。女人，则是另一回事，有一种狂喜的凝视，那是女人凝视房子，凝视她的居所，凝视屋里的东西，这些东西承载着她的生活，她存在的理由，实际上，对她们中的大多数人来说都是这样，这是男人无法体会的。我曾经说过，当伊莎贝尔·格朗热穿过花园时，就是这个花园，她穿过花园这件事不会让您觉得奇怪。伊莎贝尔·格朗热在花园里，而不是在别的地方，比如一个房间，她不在别的地方，她在这里。她非常缓慢地在花园里行走，这看起来非常自然。如果是一个男人这样做，如果一个男人以这样的步伐行走，如此平静，如此安详，人们不会信的。人们会说：他在沉思，因为眼下他遇到了麻烦。人们会说：他在花园里踱步。人们不会说他在花园里散步。人们会说他去那儿想事情。过去，房子里的女人或许会担心看到男人这样，在公园里，像人们说的，为自己的思绪所困扰。在《娜塔丽·格朗热》里，这座房子，它是真正的女人住所，它是女人的房子。而且，一直如此，因为房子是女人造就的。和无产者一样：无产者的劳动属于自己，属于无产者。无产者的劳动工具就"是"无产者。同样，房子也属于女人，女人是无产者，大家都知道，千百年来都是这样。房子属于女人，就好像劳动工具属于无产者那样。

杜拉斯：

是的，因为女人自身是一个居所，孩子的居所，她有保护欲，有那种用身体保护他们的意识，用她自己的身体，这一事实与她自身融入住处、融入居所的方式不无关系。这是肯定的。

我认为，有孩子和没孩子的女人之间存在着本质区别。生产，我将其视为一种犯罪。如同丢掉孩

子，抛弃孩子。我见过最接近谋杀的事就是分娩。
沉睡的孩子出世，这是沉睡的生命，完全沉睡在不
可思议的极乐之中，然后他被弄醒了。也许生孩子
在某种程度上就是这样的体验。我们对此所知甚
少。众说纷纭，其中有诸多偏见。的确，这就是谋
杀。孩子就像一个幸运儿。生命的第一个迹象就是
痛苦的叫喊。要知道，当空气进入孩子的肺泡时，
会唤起一种难以名状的痛苦，而生命最初的表现，
就是痛苦。

波尔特：

是叫喊。

杜拉斯：

要知道，不只是叫喊，那是喉咙被割开的人的尖叫，是被害人的尖叫，是被谋杀的人的尖叫。某个不愿被杀的人发出的叫喊。

波尔特：

在《娜塔莉·格朗热》中，当外面的世界进入家中，那就是暴力，是收音机的声音，是伊芙林省的罪案，是在德勒森林追捕嫌疑人。

杜拉斯：

森林里充满暴力。在《毁灭》中，森林里理应充满暴力，但在《毁灭》中，当阿丽莎和斯泰因即将坠入爱河时，他们去森林。

波尔特：

他们？但是……

杜拉斯：

其他人不会去。其他人只是看着森林，远远地看着，但他们不会走进去。那片森林，正是我童年记忆中的森林。这我知道。很小的时候，我住在离原始森林很近的地方，在印度支那。那片森林是禁地，因为那里有蛇、昆虫、老虎之类，非常危险。但我们，我们还是会去，我们，孩子们，我们并不害怕。因为我们在那里出生，根本不怕森林。但是我的母亲，她来自北方，是欧洲人，她害怕森林。我母亲，她来自世界的北方。事实上，她害怕的不是森林，她害怕的是陌生，她在人生路上迟迟才发现的那些热带地区。而我们，您知道，我们和其他小孩子一样，满森林乱跑。正如我在《抵挡太平洋的堤坝》一书中提到过的那样，我和我的小哥哥在那儿非常自在。我们常常摘森林里的果子来吃，猎杀野兽，赤脚走在小路上，在小河里游泳，去猎鳄鱼，那时他十二岁。我呢，快九岁了。午睡期间，我们溜出去，很自然地就跑去危险的森林那边。直到后来，我才对我们所做的一切感到害怕。所以，森林是属于疯子的，而在我的生命里，它属于我的童年时光。我小时候去的森林里，还有很多孩子，显然他们也不听话。在《抵挡太平洋的堤坝》中的那片土地上，有很多乞丐，夜里，他们就去藤蔓缠绕的树下睡。他们在那里生火、睡觉。在《黄色的太阳》中，我谈到了犹太人的流浪生活，谈到了那些随处可见的熄灭的篝火，我觉得这些都与我小时候的经历有关。

您可以认为，这是旅行的森林，真正的旅行。但这也是童年。是的，在我的书里，并不是每个人都害怕森林。德勒[1]的孩子们躲在森林里，那些伊夫林[2]年仅十六岁的杀人犯也躲在那里。因为他们的存在，森林才变得危险。人们害怕森林，就像害怕那些年轻的小混混，害怕所有暴力。而现在，我也害怕森林。我再也不会独自去森林了。那是个，我不知道，一个令人不安、非常非常古老的地方，原则上，所有的森林都可以追溯到史前时代。它们可能就是些闹鬼的地方。在某种程度上，我不排斥用这样的字眼。

波尔特：

就仿佛森林是一个圣地，这里的"圣"是这个字古老的含义。

杜拉斯：

是的，您知道，我们女人，最初是我们对着森林说话，对它说出一种自由的话语，新奇的话语；所有我跟您提到米什莱时说过的话，女人们开始和动物说话、和植物说话，这是一种属于她们的话

1　法国厄尔-卢瓦尔省的一个市镇。——译者注
2　法国法兰西岛大区的一个省。——译者注

语，这种话语不是学来的。正因为这是一种自由的话语，女人受到了惩罚，恰恰因为这种话语，女人从对男人、对家庭的责任中摆脱出来，回归自身。这是自由的声音，但它引起恐惧也不足为奇。

波尔特：

是的。

杜拉斯：

完全不足为奇。

　　　　　外面传来孩子们的叫喊声。

放学了。房子这一溜儿都能听到孩子们的声音。房子的布局是纵向的。无论冬夏，都有小家伙们打这儿经过。大冬天也能听到他们，早上八点，八点半，黑天黑夜里，他们在玩耍。

森林与音乐，有某种关联。当我害怕森林时，我害怕自己，确实如此，要知道，从青春期以来我就害怕自己，不是吗？青春期以前，在森林里，我并不害怕。

音乐也令我感到恐惧。我认为音乐中有一种圆满，有一段我们当下无法感知的时间。音乐中有某种对一段即将到来的时间的宣告，我们将在音乐中听到这段时间。音乐，它让我……怎么说呢……它让我感到震撼，我不能听音乐了，但在我年轻的时候，在我还天真无知的时候，我是可以听音乐的。现在，我很难在听音乐的时候不感到……呃……震撼……当然，我们不会谈论音乐，我不会和您谈音乐。总有一刻，音乐将不再可怕。但是现在它依然令我害怕，就像未来令我害怕一样。我认为有些人就像巴赫，巴赫对自己的音乐才华并不自知。有时候，我会拿他和戈雅来比较。戈雅有超凡脱俗的绘画才能，在生活中他却像一个白痴。我无法用别的方式去看待他，更何况他的为人处事也证实了这一点，他是一个阿谀奉承者，有无比天真的幻想，总之，他一生都表现得像个小男孩。只有在某些方面不敏感，才能以这种方式去看……只有当这种敏锐不会在心里留下阴影时，才能用这样犀利的目光去看。否则，人会因此死掉。巴赫要是知道自己做了什么，那他就死了。此外，您也知道，终其一生他也没有说过任何值得被人记住的话。戈雅也是如此。在我所做的一切，在我拍摄的所有电影之中，最让我感到震撼的一个镜头，就是《娜塔丽·格朗热》中关于音乐、乐符和乐谱的镜头。我们把一堆乐谱铺在地上，摄影机在乐谱上方游走，最终，我想，它停留在《赋格的艺术》上，停在乐谱的封面上；摄影机要贴着《夏康舞曲》移过去并停在最难的曲子上，也就是《赋格的艺术》上，也可能是《哥德堡变奏曲》上，我不记得了，与此同时，孩子在弹音阶练习。如果您愿意，有一条必经之路，它始于孩子的音阶练习、童年的音阶，或是人类的童年、人性的童年，一直通往我们无法破译的音乐语言，正是这条路让我大受震动。在《黄色的太阳》里，我比较了巴赫和无产者。我说……在那儿……有一大堆水泥和一大堆音乐……没人能懂……（笑）……我现在来解释一下……在一大堆由无产者搬运、生产的水泥和一大堆音乐之间，我看见了同等的劳动；在这两大堆，水泥和音乐周围，笼罩着同样的黑暗。我想说的几乎是同样的"聋"。

杜拉斯：

我最近写了一页，我写到了水汽缭绕的公园，公园的潮湿。后来，重读的时候，我发现我使用了复数。我写"公园的潮湿"，"潮湿"这个词我写成了复数。我本想用单数的。当然，我保留了复数。这是一个笔误。但在公园的多样性中，有那么多的物种，潮湿用复数表示是更恰当的，有土壤的潮湿，还有树木、果实、水与空气的潮湿，等等，那是复数的……

　　总之，人们总是带着一种对自身的不信任、一种负罪感，带着别人早已为你打包好的那些个一文不值的小包袱去开始写作，而不是自由地去写作。必须相信自己。您相信别人……相信爱情……相信欲望……但面对自己的时候，却充满着不信任，为什么呢？这没道理。我像相信他人一样相信自己。我完全相信我自己。

杜拉斯：

整栋房子我最喜欢的是这一间，也许是因为它的高度，我不知道。但我从未在这里写过东西，也从未在这里工作过。这是一个公共空间，尤其夏日，大家都喜欢待在这里。

房梁的角落里还有燕子窝，就在那儿。我们住进来的时候惊走了燕子。我们没能留住它们。

您看见那些蜘蛛网了吗？在那儿，宽敞的餐厅那边。能怎么办呢？我从来没能找到一根足够长的杆子够到它们，所以蜘蛛网就一直留在那里，我们也习惯了。这也是一些偏见，对蜘蛛网的偏见，其实在某种光线下，它们还挺好看的。

　　每年夏天，我们都会把薰衣草剪下来放在那里。在门上面已经堆了有好几年的薰衣草了。正是不停地通过那扇门看向花园，我才拍了《纳塔丽·格朗热》。《纳塔丽·格朗热》，对我来说，就是这样，就是这种通透，房间整体的通透。

杜拉斯：

人们总认为，拍电影必须从一个故事入手。但事实并非如此。对《娜塔莉·格朗热》而言，我完全是从房子出发的。真的，千真万确。这栋房子一直萦绕在我的脑海，久久不去，然后一个故事在房子里安顿下来，就是这样，而从这栋房子开始，就已经是电影了。

最近发生了一件奇怪的事情，我一个人在家里。我刚洗了几件衣服，在小厨房里，小厨房在那边的尽头，朝向小女孩的卧室，那里很安静，是初秋，快到傍晚的时候，来了一只大苍蝇。它在灯罩里飞了很久，在某个时刻它死了，掉了下来，死了，我记得我注意到了它死的时间，应该是五点五十五分。仿佛我已经在电影里了，我已经在影片中了；也许是苍蝇的故事，也许是我听苍蝇的故事，我不知道，但我在那里，又似乎在别处。瞧，心思已经去了别处，我想，这就是人们所说的升华。

是的，在创作《昂代斯玛先生的午后》时，我看到了圣特罗佩山上的一栋房子，我的一个朋友带我去看了，靠近加辛，他刚买下那栋房子；他带我看了那个地方，在山丘上，面朝大海。那是一个让我印象深刻的地方，有六个月的时间，它一直萦绕在我的脑海里，就像镌刻在我的大脑里，六个月都空无一人，空的，之后突然间，来了一个人，一个非常老的人，就是昂代斯玛先生。我想，如果我在这里等待，如果我把自己关在这里，会有别的人来，那就会是另一部电影了。这不理智，我不可能连续拍六七部这样的电影。人们就是这么跟我说的。我的朋友们对我说：你不会还要再从……从这栋房子……我不知道人们的出发点是什么。当他们从一个故事开始创作时，我便抱有怀疑，从一个已经完成的故事，一切都是现成的，要知道，在写作之前就已经有开头、中间、结尾和各种高潮迭起，我很怀疑；我从来都不太清楚自己要去哪里；如果我知道，我就不会写作了，因为故事已经完成了，或几近完成；我不明白一个人怎么能写一个已经被探究过、盘点过、清算过的故事，要知道，在我看来这是一种悲哀，我必须说这也是一种匮乏……说到底……这可能不是同一种写作。这一刻我可能在什么地方弄错了。

玛格丽特·杜拉斯走过来坐在钢琴前。

杜拉斯：

《纳塔丽·格朗热》里的演员们想走动走动，其实想找到一种节奏，他们迈着相同的步子，一直在房子里走来走去。最后，步子变成了我在钢琴上弹出的几个琶音，慢慢地，琶音变成一支曲子，最终成为电影的配乐。就工作而言，这样的步伐确实非常有用，电影配乐就是这样来的。我还拿到了这支曲子的版权。（笑）

她弹了《纳塔丽·格朗热》里的几个音符。

最初，是这样的。

她弹了一支儿童的练习曲。

当我听到这支曲子的时候，就能看到让娜在走廊上走来走去。让娜·莫罗。这架钢琴很老了，甚至无法给它调音。它的确太旧了，但大家还是很喜欢。我很少弹钢琴，几乎不弹，但我儿子会弹一点，他父亲经常弹，朋友们来了也会弹。总之，我们非常享受弹琴的时光，我们会四手联弹到凌晨三点。我特别喜欢这个房间，因为它很亮堂，而且是屋子尽头最后一间，很偏。

我可以给您弹《印度之歌》里面的一支曲子。

她开始弹奏《印度之歌》里的曲子。

也是这样，这支曲子和这架钢琴密不可分。甚至用一只手也能弹。

好吧，的确，听别人弹得好总会让我感到痛苦；当别人弹得太好时，我就会陶醉其中，目眩神迷，同时又心生绝望。

我们在《纳塔丽·格朗热》中走到了这一步……

她又开始弹奏《纳塔丽·格朗热》里的曲子。

镜头里是摆放着儿童玩具的卧室……可以听到琴声和树林的声音。

她一只手弹一首巴赫赋格曲的开头。

人们以为我还弹琴，但我已经不弹了。您还能听到声音吗？

她久久聆听着回响。

赋格曲伴着片尾字幕继续播放。

2

杜拉斯：

这张照片，我十八岁。

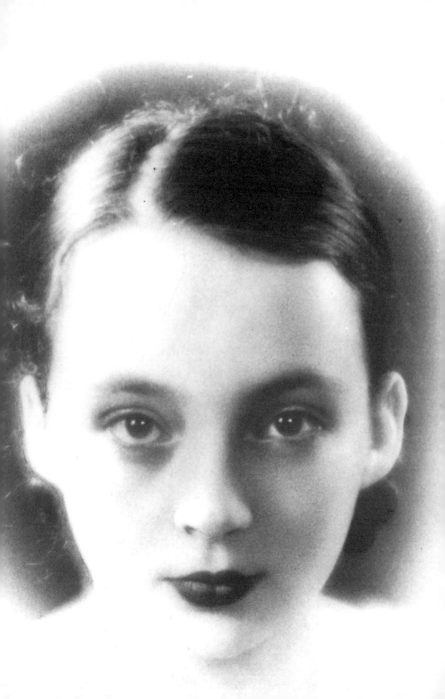

　　这张，十六岁。在湄公河沿岸的沙沥。长衫是绿色的。

　　我旁边是我的小哥哥，也就是《抵挡太平洋的堤坝》里的约瑟夫，年纪轻轻就死于战争时期的药物匮乏。

我父亲，我对他没什么印象。他去世时，我才四岁。他写了一本数学教辅，关于指数函数的，但被我弄丢了。我仅存的跟父亲有关的物件，就是这张照片和一张他去世前写给孩子们的明信片。

我母亲。

我有两个哥哥。

这是我们晚上去永隆坐的敞篷马车。我还记得，那时我们会路过一个检疫所，然后穿过稻田，再沿着湄公河岸回来。我们到家的时候夜已深了。

波尔特：

玛格丽特，有一次您告诉我说，您母亲随便跟哪个越南农妇的关系都比跟白人社区的女人更亲近。

杜拉斯：

是的。首先，我母亲她农民出身，是个村姑，以前也务过农。她之前虽然拿到奖学金在师范学校上学，但她的父母都是北方的农民。后来，因为我们实在太穷了，而且她干的完全是最底层的工作，您想，跟那些海关和邮局的职员一样，当地学校的老师就是地位最低的白人。比起其他白人，她跟越南人、安南人走得更近。我一直到十四五岁，是的，到这个年纪都只有越南朋友。

当了二十年的公务员，她终于在柬埔寨靠近贡布的地方买了块地。

波尔特：

一块租借地吗？

杜拉斯：

是的，就是我们今天说的租借地，没错。看到这个女人独自一人过来，还是个寡妇，又没有靠山，完全孤立无援，他们就给了她，或者说强塞给了她一块无法耕种的土地。她当时根本不懂，想要得到一块耕地，是得贿赂那些土地登记人员的。他们给了她一块地，甚至都称不上是一块地，因为那是一块每年十二个月里有六个月都会被水淹没的地。她把二十年的积蓄都投在这块地上了。于是她请人在那儿修了带游廊的平房，播了种，栽了水稻，但三个月后，太平洋涨潮了，所有东西都毁了。她当时差点死掉，完全失控了，癫痫也不时发作，整个人失去了理智。那会儿我们以为她命不久矣。老实说，堤坝坍塌之后，我觉得她被气昏头了，气得想死，奄奄一息。显然，这件事给我们留下了可怕的烙印。您瞧，我至今仍然无法心平气和地谈论这件事。她控诉过，反抗过，但那时贪污腐败很猖獗，小到土地登记人员，大到殖民地总督，所有人都靠这个捞钱敛财。也就是说，收受贿赂在整个行政管理系统无孔不入，控诉书也因此泡汤了，只有压箱底的份儿。而且到死她都没有胜诉——是的，彻头彻尾的不公正。

有那么一块地势还算比较高的平原，类似高原

吧，北边是大象山脉，南边不再有村庄或住宅，而是一片泽国沼地。还有海边的红树林，是在涨潮的雨季能出现在几百公顷水泽上唯一的东西。这就是童年，至少对我来说就是这样，就是和我的小哥哥在那里一起度过的时光，在书里他叫约瑟夫。我有两个哥哥。我大哥，小时候我们很少在一起。因为父亲死后，母亲没办法独自抚养三个孩子，她就把大哥留在法国，应该是上一所电工学校。她把两个小的留在身边照看。要知道，她饱受绝望的折磨，她的经历是那么可怕，她深陷在绝望之中，所以我们就有了完全的自由。在堤坝这片土地上，我从没见过像我和小哥哥这样自由的孩子。她没时间照看我们，也不再想着她的孩子们，我是这么认为的，所以我们溜出去，整天都待在外面，不是在树上（笑），而是在森林里，在河里，在小溪里，就是那些流向大海的溪流，我们叫它们"racs"。我们也去打猎。那里的童年和这里的太不一样了。您瞧，比起法国人，我们更像越南人。因此现在我才发现，这种所谓对法兰西种族，对不起，是对法兰西民族的归属感，完全就是虚假的。我们说越南话，就像越南小孩一样，我们从不穿鞋，半裸着，在河里洗澡游泳，我母亲，她，肯定不会，她从不说越南话，也从来没能学会，这对她而言太难了。我用越南语参加了中学毕业会考。总之，有一天，我得知自己是法国人，要知道……母亲常常跟我们念叨诸如"你们是法国人"之类的话。有一天，她去西贡带回来一些斑皮苹果，我不知道它们叫什么，这些红色的苹果。

波尔特：

我不知道。

杜拉斯：

她强迫我们吃苹果，可我们根本吃不下去，这东西简直就像棉花，不是人能吃的东西。我们吃不了法国食物。我十岁的时候，在金边得过某种厌食症；别人强迫我吃牛排，我把牛排都吐了；说真的，我们就属于热带丛林。这种事儿经常发生：你身处某种环境中，或者说生活在一个特定的空间中，你在那里出生，讲那里的语言等等。你最早是和越南孩子一起玩耍，玩的游戏也是越南孩子的游戏，然后有人告诉你，你不是越南人，你不能再和越南小孩厮混了，因为他们不是法国人，你必须穿鞋，必须吃牛排和薯条，不能再这么不懂规矩了。我很晚才意识到这一点，也许现在我才明白，说真的。我在沙沥和永隆也生活了很多年。

波尔特：

在湄公河沿岸吗？

杜拉斯：

是的，在湄公河边。那是白人的地盘，有着横平竖直的街道，花园，铁栅栏，然后是河流，法国俱乐部，网球场，可能还有安娜-玛丽·斯特雷特，她是永隆的总督夫人。

声音一

　　一天，一艘官船停在这里。斯特雷特先生来视察湄公河上的各个驿所。

声音二

　　他把她从沙湾拿吉带走了？

声音一

　　是的，把她带走了。

　　带走了十七年，辗转在亚洲各国的都市。

声音一

　　有人在北京看到她。

　　之后在曼德勒。

　　在曼谷。

　　有人在曼谷看到她。

　　在仰光。在悉尼。

　　有人在拉合尔看到她。

　　十七年。

有人在加尔各答看到她。

加尔各答：

她死在那里。

（《印度之歌》）

杜拉斯：

我甚至不知道那是不是她的真名，斯特雷特，这个姓氏，我感觉不是我编的。或者我把它变了形，呃，或者就是这个姓氏，斯特雷特。那是一个红棕色头发的女人，我记得，不涂脂抹粉，非常苍白，非常白皙，有两个年幼的女儿。

波尔特：

您认识她？

杜拉斯：

我从来没有和她说过话。

男人的声音

她真白啊！

加尔各答的女人们都很白。

六个月里她们都只在晚上出门，躲避阳光的照射。

人们说她被一种痛苦困住了。

没有人清楚那些墙后面发生了什么……她做了什么。

（《印度之歌》）

063

杜拉斯：

太久远了，我不太记得了，我看到她晚上经过，司机开车载着她。凉爽的夜晚，她出门。

就在她来了不久，人们得知一个年轻男人自杀了，因为对她的爱，也因为她的爱。我记得这件事给我带来的震撼，我什么都不理解了。震惊，非常强烈，当我得知这一消息，因为这个女人看上去不像一个卖弄风情的女人，一个上流社会的女人；她身上有什么不可见的东西，和那种想引人注目的女人恰恰相反，她非常沉默，大家也不知道她有什么朋友，她总是独自一人或和她的两个小女儿一起散步，和《副领事》书中写的一样。之后，大家突然得知了这一消息。要知道，一直以来，她对我而言都象征着某种双重的力量，一种是死亡的力量，一种是日常的力量。她抚养孩子，她是总督夫人，她打网球，她接待宾客，她散步，等等。然而她身上又蕴藏着死亡的力量，引起死亡，招致死亡。有时候我对自己说，我写作是因为她。

波尔特：

在《印度之歌》中，人们感受到的是您的

痴迷。

　　杜拉斯：

　　影片要展现的，是我的痴迷，我对她的爱。我问自己我对她的爱是否由来已久。是否我书中长辈的原型是她，安娜-玛丽·斯特雷特，两个女孩的母亲，而不是我母亲，要知道，我觉得我母亲太疯狂，精力太旺盛，而且她的确就是这副模样。而是安娜-玛丽·斯特雷特身上那股隐秘的力量。只有身上隐藏着这股隐秘的力量才会在生活中这么坚强。我认为就是如此，她，安娜-玛丽·斯特雷特，对我而言是长辈的原型，母亲的原型，或者更确切地说是女性的原型；她在我看来并不像一个母亲，要知道，她首先是一个不忠的女人，而不是一个有两个女儿的母亲。

安娜-玛丽·斯特雷特：

您知道，在印度……几乎没有什么是可能的……可以这么说……

年轻随员：

您说什么？

安娜-玛丽·斯特雷特：

哦……没什么……这种对什么都灰心……

在印度生活既不痛苦也不舒适，既不容易也不困难。毫无意义……您知道……

年轻随员：

您想说这是不可能的？

安娜-玛丽·斯特雷特：

但是这一点，您知道，或许流于简单了。

（《印度之歌》）

杜拉斯：

她谈论印度。对，可能一切都源于此。她不再说别的，也就是说，她不再关心自己说什么，不再有什么真正让她操心的私事、问题，我想就是这样；她有一千岁，安娜-玛丽·斯特雷特，她已经活了一千年。女性的这种至高无上，就源于此。男人很少能达到那种高度。因为在她身上有双重的沉默，一种是女性的沉默，一种是源自她生命的、专属她个人的沉默。这种双重性，两种沉默的结合，大概安娜-玛丽·斯特雷特就是如此；我在想我书中的其他女性是否也会那样隐藏自己，劳儿·瓦·斯泰因的身上是否也有安娜-玛丽·斯特雷特的影子，因为这种迷恋一直存在，毫无由来，我难以自拔，简直就像一个真正的爱情故事。

这几年，我拍的电影、我写的书都是与她的爱情故事。当然并不总是如此；有时候我并没有想着她，当我拍其他电影的时候，我的心思就不在她身上，但她还是一直都在。

杜拉斯：

在画面中间，也就是画面的正中央，有一个被我称为"祭坛"、纪念安娜-玛丽·斯特雷特的地方。它有双重意义。它是我的祭坛，换言之，是我痛苦的祭坛，这种痛苦源于她的死亡是我造成的，而我不能救她脱离苦海；同时，这也是我对她的爱的祭坛。从外部看，这个祭坛维护得井井有条。一个仆人过来重新点燃香烛，换上新的玫瑰花。德菲因·塞里格会来这个祭坛看一个已故的女人的照片。甚至在电影脚本里，在某个既定的时刻，会有人说：她朝照片走去，好像是照片在注视着她；我看到了双重的目光，人们永远都不会凑很近去看逝者的照片，因此照片模糊不清。

波尔特：

在您所有的电影中，镜子都扮演了很重要的角色吗？

杜拉斯：

是的，它们就像一个个孔洞，画面消隐其中，又再度出现。我永远不知道这些画面从何处而来。我有一种感觉，德菲因被吞噬、复又归来。她回来了或是没有回来，但她从如此遥远的地方回来是非

常开心的，在镜子里，我们可以把画面移动到无限远的地方。她就像是从电影的尽头走来。我本来想说的是从世界的尽头，但实际上是从电影的尽头。

波尔特：

镜子难道不是为了保持一种距离吗？一种不复存在的距离？

杜拉斯：

是的，或者说，一种质疑。

波尔特：

质疑真实的在场？

杜拉斯：

是的，质疑真实的在场和语言。

我不知道副领事是否对安娜-玛丽·斯特雷特，对她本人或对她的象征或对她所象征的意义说："加尔各答于我而言成了一种希望的形式。"我认为确实是这样，要知道，言语的适用场所在这里得到了延伸，其受众不再仅限于在场的人。

杜拉斯：

我想，安娜-玛丽·斯特雷特已经超出了分析，或者提问的范畴。她超越了所有在智力或认知、理论上的偏见。这是一种绝望，一种普遍的绝望，几乎贴近那种深深的政治绝望，而且它是如此平静地被真真切切地体验。我曾经说过她就是加尔各答，我把她看作加尔各答。她变成加尔各答的过程，是一种双向转变：加尔各答逐渐呈现出安娜-玛丽·斯特雷特的模样，而后者也逐渐拥有了加尔各答的形状。对我来说，在影片的末尾，二者融为一体了。

我不是说她是一个已经解放了的女性，我说她走上了一条必将解放之路，一条非常个人化且个性化十足的解放之路。正因为她尽可能地拥抱这世上的一切，或是说，正是拥抱这个世界的普遍性的时候，她才最接近真正的自我。也正是尽可能地去接纳一切，去接受加尔各答，去接受苦难、饥饿、爱情、卖淫和欲望时，她才最接近真正的自我。安妮-玛丽·斯特雷特就是这样。当我说"卖淫"一词时，我是想说卖淫对她来说是无法避免的一件事，就如同饥饿、苦痛和欲望一样，她仿佛一个不断接纳他物的容器，各种事物盘踞在她体内。这就是我所说的安娜-玛丽·斯特雷特的解放。或许，您知道，我在一片几乎不太可靠的土地上，而且，我可能永远不会知道她为何如此吸引我。我被它吞没，被一种我们有时并不知道其存在的欲望所吞没。要知道，它比我以为的自己的欲望还要大，它回答得比我提出的问题还要多。因为它完完全全回答了我。

杜拉斯：

《印度之歌》的整个拍摄过程都带着这个地方的烙印。如果说德菲因·塞里格不是在扮演安娜-玛丽·斯特雷特这个角色，而只是化身为她，这也是出于这个地方的缘故。一个真正的大使馆和一个看上去像那么回事儿的大使馆，正如我们在电影行业里所能看到的那种，两者之间的差距，影片中的大使馆，那种与现实脱节的感觉非常明显，贯穿了整部电影。我认为这是世界末日，是的，我认为《印度之歌》也是一部关于世界末日的电影。我觉得我们已经到了，世界末日。

波尔特：

您想说的是某个世界的末日，或者说，就像是某个社会的没落，还是说不止这些呢？

杜拉斯：

不止这些。我是说，当地球上只剩下俄罗斯和美国这两个僵化的阵营在荒漠中对峙时，世界末日就来临了。要知道，这和它表现出来的极度愚蠢是一致的。那我们还能做什么呢？我想到了我们的消亡，欧洲的消亡。《印度之歌》中描写和传达的，不只是历史的死亡，更是我们的历史的消亡。我一眼就看中了罗斯柴尔德城堡，以至于不可能去别的地方拍摄，我宁愿放弃拍摄这部电影也不愿放弃这个地方。这种一见倾心是无法仅用某个虚构的地方来解释的。在那里有别的什么在诉说。我找到了一个谈论世界末日的地方。殖民主义在这里只是一个细节，麻风病和饥饿也是。我想麻风病在这里蔓延得更广，饥饿也是。饥饿也将来临，您看，在《印度之歌》中，它就出现了。

死亡在《印度之歌》中随处可见。无处不在，在日落时分，在余晖中，总是在晚上，总是在夜里，在那些形式中，在死气沉沉的招待会上。害死安娜-玛丽·斯特雷特的，是她自身的意外，而且我相信，就算她死了，她还将永远留在那里，阴魂不散。另外我觉得可以想象有另一个女人出现，接替她的角色。除了名字的魔力外，她将扮演同样的角色。但最终我还是没能构想出另一个女人。就像刚走出一段恋情：不可能就这样进入一段新的感情，这是不可能的。

波尔特：

那么安娜-玛丽·斯特雷特呢，当她自杀的时候？她是在海里自杀的吗？

杜拉斯：

是的，不过我不知道这算不算自杀。她回到了大海的怀抱……回到了印度洋，就像回到了大海母亲的怀里。她的死让什么完结了。她别无选择。我认为这是顺理成章的自杀，没有一丝悲剧的意味。除了这里，她不能在别处生活，她以此地为生，以印度、加尔各答日复一日隐秘的绝望为生，同样她也因此而死，她就像是被印度毒死了。她可以换一种方式自杀，但她没有，她在水里自杀，是的，在印度洋的海水里。

在哪儿？那里的一个海关码头，从美索不达米亚到恒河，迷失在这里，在沙塔拉？

那些门窗紧闭的白色别墅住宅，是加尔各答英国人的街区吗？

这些云，被季风吹来的云，如漂浮的大陆，是要奔去尼泊尔消散吗？

就是这样：那边滑落了。它在这里。我们进入一个爱已成空的地方。

（《恒河女人》）

杜拉斯：

我在这里写了《劳儿之劫》，在这栋大楼里，我事后才意识到，我写这本书的地方已经成为书里的一个地方。《爱》，是《劳儿之劫》的一部分，就是在这里拍摄的。

我问自己，是不是沙子、沙滩比大海更能代表沙塔拉这个地方；这里的潮水很奇特；退潮的时候，有三公里的沙滩，就像沙的领地，沙的王国，完全是另一番天地；不属于任何人的王国，就像，无名之地。

旅行者：

我们在哪儿？

女人：

这里，直到河流都是沙塔拉。

旅行者：

那过了河流呢？

女人：

过了河流，还是沙塔拉。

（《恒河女人》）

杜拉斯：

因此是同一种材质。我想那就是沙子，《恒河
女人》中人们都住在沙地上。他们成天在那里游
荡，在沙地上，夜里也是。这是对栖居之所的全盘
否定。他们没有安顿下来。在沙地上游荡，那是纯
粹的、动物般的游荡。

在我的书中，我一直在海边，刚才我忽然想到
这个。在我很小的时候，我就和大海结缘，当我母
亲买下堤坝，《抵挡太平洋的堤坝》中被海水完全
侵袭的那块土地，让我们耗尽了家财。大海让我非
常害怕，这是我在世上最害怕的东西……我的梦
魇、我的噩梦里总有潮水的痕迹，被水淹没的
恐惧。

劳儿·瓦·斯泰因所到之处无一例外都在海
滨，她总是在海边，很长时间我都看到一些非常洁
白的城市，就这样，被盐洗白，仿佛在劳拉·瓦莱
里·斯泰因走过的路、去过的地方，都覆盖着盐。
我也是后来才意识到，这些地方不仅是海滨，而且
是北方的海，也是我童年的海，各种各样的海

086

水……无边无际。

波尔特：

沙塔拉的名字是怎么来的？

杜拉斯：

（笑。）那是很久以后，是的，很久以后我才发现它不是沙塔拉，而是塔拉沙[1]。

波尔特：

写的时候不是刻意为之？

杜拉斯：

不是，绝对不是。但您知道，我是在……十六年前写的《广岛之恋》，而我或许直到两年前才意识到内韦尔（Nevers），法国地名内韦尔，是英语中的 never，"永不"的意思。我经常玩这样的把戏，很奇怪。在《英国情人》中，我总是谈论一些在沙子中生长的植物，在沙岛上，那里有绵羊，您知道，我也是在不久前才意识到，沙子——她总是

---

1 塔拉沙（Thalassa）是希腊神话中的海洋女神，被视为海洋、海水的化身。——译者注

谈论沙子，《英国情人》中的那个女疯子——是的，沙子，就是时间……当我发现这一点时我很高兴，发现这些无心的巧合，意外的收获，可以这么说。

波尔特：

在《恒河女人》中大海一直都在，仿佛电影的呼吸。

杜拉斯：

是的，他们在海边，他们和大海一起行走，前进。他们的动作就是潮汐的运动。他们面对城市，城市就像一块巨石，一块岩石。他们不感到无聊。他们兴致勃勃地走着。他们的目光，是一种清澈的目光，一种缥缈的目光：看海，就是看一切。看沙子，就是看一切，一切。

波尔特：

有点像大海，是一种无休无止的运动？当电影结束，电影似乎还可以继续——说到底，电影还在继续？

杜拉斯：

是的……但这在电影开始前就开始了。在电影到来时，他们在那里已经待了很长时间，他们现在还在那里……这么说吧，对我而言，电影结束了，而他们还在那里。当我想到《恒河女人》的时候，他们在那里，他们还在那里不停地走着，正在无边无际的沙地上游荡。

历史。它开始了。

在海边漫步、叫喊、动作、大海的涨落、光线的变幻之前就开始了。

但它现在变得清晰可见。

它已经写在沙子上，写在大海上。

《爱》

杜拉斯：

《恒河女人》对我而言是一部非常重要的电影。或许比其他电影更重要，或许比《印度之歌》还重要，因为我认为《印度之歌》已经潜藏在《恒河女人》里，等待被发现。也就是说，它已经在《恒河女人》里，但还需要把它挖掘出来，是的，从沙子里挖出来。它已经在那里了。而《恒河女人》……在它之前，应该说，我心里一无所有，是的。有时候，我感觉自己是从《劳儿之劫》《爱》和《恒河女人》开始写作的。但写作，写作的广度是和电影一起企及的，《劳儿之劫》是一段写作的时光，《爱》也是，但《恒河女人》把一切都混在了一起，仿佛我回到了过去，回到了书写就之前的时光。当我剪辑《恒河女人》的时候，我简直疯了。当我找到《恒河女人》的声音时，我焦虑万分。不过这里是焦虑之所，或许就是我的居所。

这就好像一切都已写就，好像《恒河女人》在生成一个文本，只不过需要破译。当他们在海边漫步，那就是写作，是写作，但我，您知道，当我真正去写《恒河女人》和《爱》时，不过是参与了一部分。而在电影里，这是完完全全的写作，甚至那些静静地游荡的时刻也是写作的时刻，或许很难读懂，但的确是写作。而在严格意义的写作中，这种写作只有一部分可以被传达出来，仿佛只有超越了语言，当然，或者确切地说超越了文字，才能完完全全地去写作。

对我而言，大海是完完全全的写作。就像一页页书页，您知道，写满的书页，因为写满了才显得空旷，因为写了字，写得太满，变得难以辨认。

总而言之，是的，这里提出了电影里的画面问题。当我们要把它用语言表达出来时，总会有一种被文字、被语言淹没的感觉，不是吗？不可能意识到一切，把一切都表达出来。而在画面里，你可以完完全全地写作，拍摄的全部空间都是写出来的，比书里的空间要多百倍。但我只是在拍摄《恒河女人》时才发现这一点，而不是其他电影。

波尔特：

在《恒河女人》之前没有？

杜拉斯：

没有。甚至在《广岛之恋》时也没有，虽然它

"写作"的痕迹很重，几乎是絮叨的，您知道。是的，有点絮叨，《广岛》。

《恒河女人》不是。写作不是絮叨的。絮叨的，是口语。书面语从不絮叨。而百分之九十的书都是口语。而且我们能清晰地意识到这道门槛，从某些书转到另一些书、从某些电影转到另一些电影的时候。

旅行者，背影，盯着沙滩上的某个地方。大海的喧嚣回荡在旅馆墙壁之间。

声音一：

我也是，有时候脑子里会出现另一种记忆……

(沉默)

声音二：

那里有些人，似乎……

声音一：

不……只是沙子……大海……

什么也不是……

(沉默)

声音一：

今天的空气里有盐的味道，碘……您不觉得吗？

声音二：

是有。

声音一：

那是怎样的欲望，不可能的，可怕的……那是怎样的爱。

旅行者一直看着窗外。

声音一：

您还有这种想死的欲望吗？

声音二：

是的。

之后我忘了……

我在看……

（《恒河女人》）

杜拉斯：

在我的电影里，当然，我不做任何变化。在我的书中也一样，风格的变化也越来越少，我总待在相同的地方。我在同样的地方写作和拍电影。当我换了一个地方，也是一样。关于电影，我可以做出解释；电影里有很多东西我可以解释，但写作完全不行，您知道吗？呃……写作，对我而言一直都非常晦暗不明。在电影里，因为我对已经拍出来的电影，确切地说是大多数已经拍出来的电影，有一种厌恶，我想让电影从零开始，用非常原始的语言……非常简单，几乎是初期的：镜头一动不动，一切重新开始。

无论如何，我拍电影，会在和写书一样的地方拍摄。那就是我说的激情之所。在那里人们又聋又瞎。总之，我尽量让自己待在那里。而电影拍出来是为了取悦和娱乐，电影……怎么称呼它呢？我称它为周六的电影，或者说是消费社会的电影，它按照非常精准的套路，是为取悦观众、在观影期间留住观众而制作的。一旦影片结束，电影什么都没有留下，什么都没有。这是一种放映一结束立刻就销声匿迹的电影。而我感觉我的电影在第二天才刚刚开始，就像阅读一样。

大海，却很平静——白天，却很灰暗。

疯子：他在那儿，他以前在走，现在还在走，没有沐浴在印度的阳光里。仿佛一直都在沙塔拉，完全失去了理智。和他一起，电影在这里重新开始，在沙塔拉。

声音一：

他在干吗？

声音二：

您知道，他在守护。

声音一：

大海？

声音二（犹豫）：

不是……

声音一：

光影的变幻?

声音二(依旧):

不是……

声音一:

海水的涨落?

声音二(依旧):

不是……

声音一:

记忆……?

声音二:

啊,或许是的……或许……

(《恒河女人》)

杜拉斯：

是这样，他在守护记忆，是的。他自己失去了记忆，但他守护记忆，是的。他疯了。他说，"我疯了"，"我，我是疯子"。他说："其他人是这样，或那样，而我，我是疯子，我疯了。"这是一回事儿。

波尔特：

我想到疯子在大厅跳舞的场景……您在《恒河女人》的脚本中这样写道："沙塔拉之歌的第一个音符从他的嘴里飘出来。一切重新开始。好几次可以听到第一句话。疯子，疯子空空的脑袋被所有人的记忆穿透。像漏勺一样的脑袋被这里所有渗透到墙里的记忆穿透。"

杜拉斯：

是漏勺一样的脑袋，是的，全是洞。是这样，是的。因为它什么都不是，它对任何东西都没有阻力，而在我看来，记忆是一种会蔓延渗透到所有地方的东西，我就是以这种方式去看所有地方……

波尔特：

它们承载着故事？

杜拉斯：

是的，比如，在乡下，我在自家花园散步，或在这里，在沙滩上闲逛时，很少不回想起一些非常遥远的往事。一切就这样涌上心头。我想是这些地方藏着它，这种记忆……如果我们对这种记忆不加以文化或社会层面的抵抗，您瞧，我们就会受到影响。疯子，他的脑袋有很多孔隙。他什么都不是，所以什么都可以完全地穿透他。因此沙塔拉的故事穿透了他。劳儿·瓦·斯泰因的故事，也就是沙塔拉的故事，二者一样，都是一回事儿。

沙塔拉。

他们在游荡。他们在沙塔拉游荡。

她径直朝前走，面对时光，在它的墙壁之间。

旅行者说：

十八岁。

他补充说：

那是您当年的年龄。

她抬起眼，看着眼前仿佛已经石化的风景。

她说：

我不记得了。

（《爱》）

波尔特：

当劳儿在沙塔拉的舞会过去十年后回来，她在沙滩上走着，就像《恒河女人》中的人物一样……

杜拉斯：

在那里，我们完全置身于一个形体化的世界。行走的时候一种记忆会离她而去，而另一种记忆会到来，完成记忆的迁移。

波尔特：

是的……

杜拉斯：

瞧，这不是通过思考。是的，她没有能力思考，劳儿·瓦·斯泰因；她在思考之前就已经结束了自己的生命。或许正因为这样，她对我才如此亲切，或者说，如此亲近，我不知道……思考是一段，我认为……可疑的时间，令我烦恼。如果您看我的人物，他们每个人都是在这一时间之前，或者说那些我爱的，我深爱的人物。

这或许是我写作时想要达到的状态；一种极其强烈的倾听的状态，您知道的，不过它源自外部。写作的人对人们说，写作的时候，人是全神贯注

105

的，而我却说，不是，当我写作的时候，我感觉自己极其容易分心，我根本无法掌控自己，我就是一个漏勺，脑袋被洞穿。我只能这样解释我写的东西，因为在我写的书中，有些东西我根本认不出来。因此它们肯定是从别处来的，当我写作的时候，我不是一个人在写。而这一点，我心里清楚。自负，就是你以为面对稿纸时是孤身一人，而其实是一切从四面八方向你涌来。显然，它们远近不同，抵达时间不同，有的来自你自身，有的来自他人，这都不重要，重要的是它来自外界。

在写作中向你扑面而来的，或许只是一堆过往经历，如果可以这么简单地说……但这一大堆的过往，没有被清点，没有被理性化地过滤，处于一种原初的无序状态。人们被自己的过往所困。要听之任之。劳儿·瓦·斯泰因是一个完全被沙塔拉的过往、被舞会所困之人。"过往"不是一个漂亮的词语，但我看不出有什么别的词可以代替它……她被困住了，她被自己困住了。

她无法和记忆妥协，她被记忆压垮了，每一天，她生命中的每一天都是新的，重新获得一种新鲜感，一种最初的新鲜感。就是这样，劳儿·瓦·斯泰因，她每天都第一次记起一切，而这一切每天都在重复。就仿佛劳儿·瓦·斯泰因的一个个日子之间有深不可测的遗忘的深渊。她不习惯记忆。同样也不习惯遗忘。但她还深深地埋在写作之中。我从来没有见过她，劳儿·瓦·斯泰因……真的……您知道。这就有点儿像那些溺水之人，就这样浮出水面，随后又沉入水底。我就是这么看她的，劳儿·瓦·斯泰因，她浮出水面又沉入水底。或许我到死都不清楚她是谁。通常，当我写一本书的时候，我大概知道自己在写什么，我还会顾虑一下读者……但这本书没有。当我写完劳儿·瓦·斯泰因，我感觉她完全摆脱了我的操控。

显然，我可以在电影里展现劳儿·瓦·斯泰因，但我只能用遮遮掩掩的方式去展示她，当她像一条死狗一样躺在沙滩上，盖满了沙子，您明白吗……

波尔特：

在《恒河女人》里……

杜拉斯：

的确在《恒河女人》里，是的，我弄混了……是的，她在赌场外面等，她躺在沙滩上，半死不活，手指半埋在沙子里，在她身旁有一个小姑娘用的手提包，她似乎是一袭白衣，半死不活，睡着了……就在这个时候，我看到了她，我看到了她。但她还活着……我看到她看到的东西，我看到她的丈夫，我看到她的孩子们，我看到城市，她曾经游荡的那些城市，她的朋友们，清楚地看到她住过的房子，那些墙，花园，小径——所有这些，我都能看见，但看到这一切的她的那张脸，我却看不见。

波尔特：

如果您拍一部《劳儿·瓦·斯泰因》的电影，拍舞会那一场，您不会让她出镜？她？

杜拉斯：

会让她出镜，她，但是她被毁的样子，已经拍过了，没有从书中出来，没有从书中突然出现，但已经被评论、被阅读损毁了。毕竟这是一本被翻译到世界各地、各个角落的书，我的意思是，因此它曾落入很多人的手里，很多人的心里，已经被"嫖"了，劳儿·瓦·斯泰因。但劳儿·瓦·斯泰因突然出现，当她从我内心涌现，那是我第一次见到她，而我以后永远也不会再找到她了。她属于你，劳儿·瓦·斯泰因，她属于其他人……当她回到沙塔拉的舞会，回到出生地时，她已经像荡妇一样历经沧桑；我看到她涂了厚厚的脂粉，浑身珠光宝气，在脂粉和珠宝下，就这样摇摇欲坠。很奇怪，八年前，或九年前，我不记得了，这样的人从这里走出来，我不能让人相信我看到了她，因此我就不会拍电影，我要用劳儿·瓦·斯泰因的碎片，残留之物去创作，我只能用这种方式去拍劳儿·瓦·斯泰因。这没有意义，劳儿·瓦·斯泰因，这没有任何意味。劳儿·瓦·斯泰因，是你们塑造了她，别无他法，我认为我刚说了一些关于她的东西。这曾对我有一种含义，一种意义，当她出来，或者不如说当我遇到她时，要知道，我不能说她是从我内心出来的，我从来都不会这么说，但之后她就属于想要她的人了……这让我想起了一些事……是的。

波尔特：

就像安娜-玛丽·斯特雷特，她属于想要她的人……

杜拉斯：

是的，这就是我的"卖淫"。

波尔特：

但这是欲望……

杜拉斯：

啊，绝对是的。这本书就是这样，是的。当我写它时，有那么一刻——我想我跟您说过——一刻的恐惧。我大叫。我想有什么东西被超越了，就在那里，但它脱离了我的掌控，因为人们可以越过一些门槛，但这个并不能清晰地表达出来，或许是一道模糊的门槛。或许我变成了……之后我跌进了更大的混沌之中；是这个让我叫喊，我记得这个，这种情况以前从未在我身上发生过。我在写作，突然我听到自己在叫喊，因为我害怕了。我不太清楚自己在害怕什么。那是一种恐惧……也是习以为常的，一种害怕自己有点失去理智的恐惧……

波尔特：

在您书中的那些女人，我想到劳儿·瓦·斯泰因，安娜-玛丽·斯特雷特，总是关乎欲望，还有……

杜拉斯：

女人，就是欲望。

波尔特：

女人……

杜拉斯：

女人写作的地方和男人完全不一样。当女人不在欲望之所写作时，她们就不是写作，她们是在抄袭。

波尔特：

那么，在《恒河女人》中，您用了两个叙事之外的声音，这两个声音是女人的声音，她们被一种欲望的关系维系在一起，就像在《印度之歌》中，开头的声音也是两个彼此爱慕的女人的声音。

杜拉斯：

是的，不过那是无处不在的我，我想，那两个女人……也是我。我不能同时无处不在，对吧，当我写作的时候，而我又想全身心投入其中，我不是复数的，而声音，却从四面八方将我包围，于是我尝试……无论如何，要表现一下这种话语的泛滥，有很长一段时间，我以为那些是外部的声音，但现在我不这么认为，我认为那都是我的声音，是如果不写作的我，如果懂得更多的我，是爱那些女人或一个女人的我，您明白吗，是如果我死了，如果我明白，等等，在那些情况下我可能会说的话，这是人自身拥有的多重性，每个人都有，不管男人还是女人，但这种多重性通常都被扼杀了，人们几乎只有一个微弱的声音，人们用这个声音说话。但应该让更多的声音溢出来……

Les lieux de Marguerite Duras by Marguerite Duras，Michelle Porte
© 1978 by Les Editions de Minuit
Simplified Chinese Edition Copyright © 2024 by NJUP
All rights reserved.

江苏省版权局著作权合同登记　图字：10 - 2023 - 191 号

图书在版编目（CIP）数据

　在欲望之所写作：玛格丽特·杜拉斯访谈录／（法）
玛格丽特·杜拉斯，（法）米歇尔·波尔特著；黄荭译.—
南京：南京大学出版社，2024.7
　ISBN 978 - 7 - 305 - 27792 - 4

　Ⅰ.①在…　Ⅱ.①玛…　②米…　③黄…　Ⅲ.①迪拉斯
（Duras，Marguerite 1914 - 1996）—访问记　Ⅳ.
①K835.655.6

　中国国家版本馆 CIP 数据核字（2024）第 076319 号

出版发行　南京大学出版社
社　　址　南京市汉口路22号　　邮编 210093

书　　名　在欲望之所写作：玛格丽特·杜拉斯访谈录
　　　　　ZAI YUWANG ZHI SUO XIEZUO：MAGELITE DULASI FANGTANLU
著　　者　［法］玛格丽特·杜拉斯　［法］米歇尔·波尔特
译　　者　黄　荭
责任编辑　甘欢欢

照　　排　南京紫藤制版印务中心
印　　刷　南京爱德印刷有限公司
开　　本　787 mm×1092 mm　1/32　印张4.125　字数60千
版　　次　2024年7月第1版　2024年7月第1次印刷
ISBN 978 - 7 - 305 - 27792 - 4
定　　价　56.00元

网　　址　http：//www.njupco.com
官方微博　http：//weibo.com/njupco
官方微信　njupress
销售咨询　（025）83594756